AF343154

VENTE A PARIS
Le Vendredi 20 Mars 1908
HOTEL DROUOT, SALLE N° 8

MONNAIES ANTIQUES

MONNAIES FRANÇAISES & ÉTRANGÈRES

LIVRES DE NUMISMATIQUE

COMMISSAIRE-PRISEUR :
Me GEORGES NORMAND
41, RUE DE LA VICTOIRE, 41

EXPERT :
M. ETIENNE BOURGEY
7, RUE DROUOT, 7

PARIS

ADRESSE TÉLÉGR. ÉTIENBOURG-PARIS

MONNAIES ANTIQUES

MONNAIES FRANÇAISES & ÉTRANGÈRES

LIVRES DE NUMISMATIQUE

VENTE AUX ENCHÈRES PUBLIQUES

A PARIS, HÔTEL DES COMMISSAIRES-PRISEURS, RUE DROUOT, 9

SALLE N° 8, AU PREMIER ÉTAGE

Le Vendredi 20 Mars 1908

A DEUX HEURES PRÉCISES

EXPOSITION PUBLIQUE UNE HEURE AVANT LA VENTE

COMMISSAIRE-PRISEUR :	EXPERT :
Me GEORGES NORMAND	M. ETIENNE BOURGEY
41, rue de la Victoire, 41	7, rue Drouot, 7

PARIS

ADRESSE TÉLÉGR. ETIENBOURG-PARIS

Exposition particulière :

Le Jeudi 19 Mars 1907, chez M. Etienne Bourgey, expert, 7, rue Drouot. (Téléphone 274-64).

Exposition publique :

Les Vendredi 20 Mars 1908, Hôtel des Ventes, Salle 8, une heure avant la vente.

La vente aura lieu au comptant.

Les acquéreurs paieront dix pour cent en sus des enchères.

L'exposition mettant les acheteurs à même de juger de l'état des pièces, aucune réclamation ne sera admise aussitôt l'adjudication prononcée.

M. Etienne Bourgey, 7, rue Drouot, se charge aux conditions habituelles (5 o/o sur la limite) des commissions qui lui seront confiées.

L'ordre du catalogue sera suivi ou non. L'expert se réserve le droit de diviser ou de réunir les lots.

MONNAIES ANTIQUES

1 **Monnaies grecques**. *Néapolis*. Didrachmes variés, 3 p. Arg.
   Caelium . PB. Ens. 4 p.

2 *Tarente*. **ΤΑΡΑΣ**. Taras à g. sur le dauphin. ℞. Cavalier à g.
   couronnant son cheval ; dessous Pallas. Didr. Arg. 1 B.

3 — Didr. et divisions, 6 p. Arg. *Héraclée*. Dioboles. Arg. 18 p.
   et un PB. *Métaponte*. Drachme. Arg. *Bruttiens*. Dr. Arg.
   Ens. 27 p.

4 *Caulonia*. Statère et division. 2 p. *Crotone*. Didr. et diobole.
   2 p. *Terina*. Dr. Ens. 5 p. Arg.

5 *Agrigente*. Didr. 2 p. Arg. — Phintias. Br. *Alaesa*. Br. Ens.
   4 p.

6 *Géla*. **ΓΕΛΑΣ**. Protome de taureau. ℞. Quadrige et colonne.
   — Autre avec Niké. Tétradr. Ens. 2 p. Arg.

7 — Protome de taureau. ℞. Cavalier. Didr. *Leontini*. Tétradr.
   Ens. 2 p. Arg.

8 *Messine*. Lièvre et dauphin. ℞. Bige à g. — Variété. Bige à
   dr. Tétradr. Ens. 2 p. Arg.

9 *Panorme*. Tête de Cérès à g. ℞. Cheval debout à dr. Statère.
   Electrum. TB.

10 — Même tête. ℞ Buste de cheval à g. et palmier. Tétr. Arg.

11 *Segeste*. Didr. 2 p. variées. Arg. *Syracuse*. Tétradr. et divisions, 3 p. Arg. et un PB. Ens. 6 p.

12 — **ΣΥΡΑΚΟΣΙΟΝ**. Tête archaïque entourée de dauphins. ℞.
   Quadrige et Victoire à dr. Tétradr. Arg. B.

13 *Thrace*. Lysimaque. Tétradr. et dr. 2 p. *Maronea*. Dionysos
   debout. Tétradr. Ens. 3 p. Arg.

14 *Thasos*. Héraclès debout. Tétradr. 2 p. — Satyre agenouillé.
   Diobole. *Cherronesos*. Tétrobole. Ens. 4 p. Arg.

15 *Acanthe*. Protome de lion à dr. ℞. Carré divisé en 4 parties. Tétrobole. Arg. TB.

16 *Macédoine*. Philippe II. Cavalier à g. — Autre. Cavalier à dr. Tétradr. Ens. 2 p. Arg.

17 — Alexandre III. Tétradr. 4 p. variées, une drachme et une p. fausse. Ens. 6 p. Arg.

18 *Apollonia*. Dr. 2 p. *Dyrrachium*. Dr. 5 p. *Epire*. Double victoriat. *Corcyre*. Dr. Ens. 9 p. Arg.

19 *Thessalie*. Double Victoriat, victoriat et division. 3 p. *Larissa*. Dr. *Pharsale*. Demi dr. *Tricca*. Demi dr. Ens. 6 p. Arg.

20 *Argos Amphilochium*. Didr. *Leucas*. Didr. *Etolie*. Demi dr. *Locri*. Demi dr. 3 p. Arg. et un Br. Ens. 7 p.

21 *Phocis*. Tête de bœuf. Demi dr. 2 p. variées. Arg.

22 *Béotie*. Bouclier. Didr. et divisions. Ens. 6 p. Arg.

23 *Tanagra*. Obole. *Thèbes*. Didr. et demi dr. 2 p. *Chalcis*. Dr. 3 p. *Histiée*. Demi dr. 2 p. Arg et un PB. Ens. 9 p.

24 *Athènes*. Tétradr. archaïsants. 2 p. et une dr. — Tétradr. de magistrats, 3 p. Arg. et 2 Br. Ens. 8 p.

25 *Egine*. Demi dr. Arg. *Salamine*. Br. *Ægium*. Dr. Arg. 6 p. *Patrae*. Br. *Phlius*. Demi dr. Arg. Ens. 10 p.

26 *Sicyone*. Didr. et divisions. Arg 6 p. et 2 Br. Ens. 8 p.

27 *Elis*. Dr. *Argos*. Dr. 3 p. *Arcadie*. Dr. 2 p. *Colchis*. Tête de bœuf. Arg. *Amisus*. Br. *Sinope*. Dr. *Calchedon*. Dr. *Cius*. Demi dr. Arg. Ens. 11 p.

28 *Parium. Aegae. Apollonia*. Dr. 3 p. *Pergame. Ephèse*. Cistophores. 2 p. Ens. 5 p. Arg.

29 *Chios*. Dr. et divisions. 3 p. *Samos*. Dr. Arg. *Milet*. PB. *Rhodes*. Dr. et divisions. Arg. 6 p. Ens. 11 p.

30 *Cilicie*. Mazaïos. Statère. Arg. *Cappadoce*. Ariobarzane I. Dr. Arg. *Antioche*. Br. et tétradr. de Néron. Arg. Ens. 4 p.

31 *Séleucie*. Tétradr. *Syrie*. Séleucus I. Tétradr. et dr. — Antiochus I. Tétradr. Ens. 4 p. Arg.

32 Séleucus III. Sa tête à dr. ℞. ΒΑΣΙΛΕΩΣ ΣΕΛΕΥΚΟΥ. Apollon assis sur l'omphalos. Tétradr. Arg. B.

33 Alexandre Bala. Dr. — Démétrius II. Tétradr. 2 p. et un didr. Ens. 4 p. Arg. B.

34 Antiochus VI. Dr. — Antiochus VIII. Tétradr. — Philippe. Tétradr. Ens. 3 p. Arg.

35 Tête laurée de Philippe à dr. ℞. ΒΑΣΙΛΕΩΣ ΦΙΛΙΠΠΟΥ
ΕΠΙΦΑΝΟΥΣ ΦΙΛΑΔΕΛΦΟΥ. Jupiter assis à g. Tétradr.
Arg. B.

36 *Aradus.* Statère. Tétradr. et divisions. Ens. 5 p. Arg.

37 *Tyr.* Tétradr. et didr. 3 p. *Rois perses.* Darique. Ens.
4 p. Arg.

38 *Rois arsacides.* Tétradr. et dr. 8 p. *Sassanides.* 6 p. Ens.
14 p. Arg. B.

39 *Bactriane.* Euthydémos. Tétradr. — Apollodote, Azès, Azi-
lisès. Dr. Ens. 4 p. Arg

40 *Rois d'Egypte.* Tétradr. Arg. 4 p. et Br. 4 p. *Alexandrie*
2 p. POT. Ens. 10 p.

41 **Celtibériennes.** *Abdera. Aregrad. Arsa. Belsinum. Beterra.
Bilbilis. Cæsaraugusta. Calagurris. Carabaca. Carmo.
Carthagonova.* 2 p. Arg., 33 p. Br. Ens. 35 p.

42 *Cascantum. Castulo. Celsa. Clunia. Corduba. Cose et Tar-
raco. Damania. Emerita.* 1 p. Arg., 34 p. Br. Ens. 35 p.

43 *Emporiæ. Erala. Ercavica. Eresi. Gadès. Iaitzola? Iessos.
Ilerda. Ilipense. Illici. Insula Minor. Irippo. Italica.
Malaca. Nortebriga. Obulco. Olige.* 2 p. Arg., 32 p. Br.
Ens. 34 p.

44 *Osca. Romula. Saetabis. Saguntum. Salpesa. Saluvia. Segia.
Segisa. Segobriga. Sesars. Turiaso. Tutia. Valentia,*
4 p. Arg., 31 p. Br. Ens. 35 p.

MONNAIES ROMAINES

45 **République.** As et division. 4 p. Br. *Familles consulaires,*
42 p. Arg. Ens. 46 p.

46 **Empire.** *César.* Arg. et MB. *Antoine.* Cistophores, 2 p. Arg.
Auguste, 5 p. Arg.; 8 p. MB. *Agrippa,* MB. *Tibère,* 4 p.
Arg.; 2 p. MB. *Néron-Drusus.* GB. *Antonia,* MB. *Ger-
manicus.* MB. *Agrippine mère.* GB. *Caligula.* MB. Ens.
12 p. Arg. et 17 p. Br.

47 *Claude I.* Sa tête laurée à dr. ℞. IMP. RECEPT. Camp préto-
rien (Cohen, 43). Or.

48 — Arg. et 2 p. Br. *Néron.* 8 p. Br. et un POT. *Galba,* 3 p.
Arg.; 4 p. Br. *Othon.* Arg. Ens. 20 p.

49 *Vitellius.* 3 p. Arg.; 2 p. Br. *Vespasien,* 7 p. Arg.; 8 p. Br.
Ens. 22 p.

50 — *Titus*. IMP. TITVS. CAES. VESPASIAN. AVG. P. M., Sa tête laurée
à dr. ℞. TR. P. VIIII. IMP. XIIII. COS. VI. P. P. Vénus à dr.
vue de dos. (C. 267). Or.

51 — T. CAES. IMP. VESP. CEN. La tête laurée à dr. ℞. VESTA. Temple
tétrastyle et trois statues (C. 347). Or.

52 — Même droit. ℞. PONTIF. TRI. POT. Titus assis a dr. (C. 168).
Or. — 4 p. Arg. et 2 p. Br. Ens. 7 p.

53 *Domitien*. CAESAR. AVG. F. DOMITIANVS. Sa tête laurée à dr. ℞.
CERES AVGVST. Cérès debout à g. (C. 29). Or.

54 — 6 p. Arg.; 11 p. Br. *Nerva*. 2 p. Arg.; 3 p. Br. *Trajan*.
10 p. Arg.; 14 p. Br. Ens. 46 p.

55 *Adrien*. Génie debout (C. 1092). Or, trouée. — 7 p. Arg.; 11 p.
Br. Ens. 19 p.

56 *Sabine*. Junon debout à g. (C. 46). Or. — MB. *Ælius*. GB.
Ens. 3 p.

57 *Antonin*. DIVVS ANTONINVS. Sa tête nue à dr. ℞. CONSECRATIO.
Bûcher. (C. 163). Or.

58 — 4 p. Arg.; 21 p. Br. *Faustine mère*. 3 p. Arg.; 9 p. Br.
Ens. 37 p.

59 *Marc-Aurèle*. 1 p. Arg.; 16 p. Br. *Faustine jeune*. 3 p. Arg.;
8 p. Br. *Vérus*. 2 p. Arg.; 3 p. Br. *Crispine*. GB. *Com-
mode*. 3 p. Br. *Septime Sévère*. 1 p. Arg.; 4 p. Br.
Ens. 42 p.

60 *Caracalla* à *Philippe père*. 44 p. Arg., 18 p. Br. Ens. 62 p.

61 *Otacilie* à *Honorius*. *Byzantines*. Arg. Bil. Pot. et Br.
Ens. 138 p.

62 *Valentinien I*. Son buste à dr. ℞. RESTITUTOR REPUBLICAE.
L'Empereur debout (C. 25). Sou d'or. B.

63 *Valens*. Son buste à dr. ℞. (C. 32). Sou d'or.

64 — Même droit. ℞. GLORIA ROMANORVM. Rome et Constantinople
tenant un bouclier. (C. 7). Sou d'or.

65 *Valentinien II*. Son buste à dr. ℞. CONCORDIA AVG G. Rome
assise. (C. 5. Sou d'or. B.

66 *Honorius*. Son buste à dr. ℞. VICTORIA AVGGG. L'Empereur
debout à dr. (C. 44). Sou d'or.

67 *Valentinien III*. Son buste à dr. ℞. VICTORIA AVGGG L'Empereur debout de face C. 21. Or. B.

68 **Bas-Empire**. *Théodose II*. Sou. *Léon I*. Sou et triens troué.
Ens. 3 p. Or.

69 *Zénon*. Buste casqué de face. ℞. VICTORIA AVGGG. Victoire à
g. tenant une croix. Sou d'or. B.

70 — Sou et triens. Ens. 2 p. Or.

71 *Anastase I.* Buste casqué de face. ℞. Même Victoire. Sou d'or.'

72 — Triens. 2 p. *Justin I.* Triens. Ens. 3 p. Or.

73 *Justinien I.* Triens. Oi. B.

74 *Tibère II Constantin.* Buste de face, tenant un globe. ℞. Croix sur 4 degrés. Sou d'or. B.

75 *Maurice Tibère.* Buste de face. ℞. Victoire de face. Sou d'or. B.

76 *Héraclius.* Buste de face. ℞. Croix. Sou d'or. TB.

77 *Héraclius et Héraclius Constantin.* Sou. *Constant II, Constantin Pogonat, Héraclius et Tibère.* Sou. Ens. 2 p. Or.

78 *Constantin IV.* Sou. *Justinien II.* Sou. Ens. 2 p. Or.

79 *Eudoxie. Romain IV. Michel Constantin et Andronic.* Sou concave. *Michel et Marie.* Ens. 2 p. Or. pâle.

80 *Nicéphore III.* Sou concave. *Manuel II Comnène.* Sou concave. Ens. 2 p. Or pâle.

MONNAIES FRANÇAISES

81 **Gaulois.** Catalaunes. Rémois. Leuques. Eduens. Armoricains. Arg. Pot. Br. Ens. 19 p.

82 **Carolingiens.** Deniers variés 4 p. Arg. B.

83 **Capétiens.** *Philippe II. Louis VI-VII. Louis IX. Philippe IV.* Deniers, gros tournois, mailles. Ens. 32 p. Arg.

84 *Philippe VI.* Chaise d'or. Le Roi assis sur un trône gothique Or. TB.

85 *Jean le Bon* Franc-à-cheval. Or. B.

86 *Charles V.* Franc-à-cheval. Or. B.

87 — Franc-à-pied. Or. B.

88 *Charles VI.* Ecu d'or. 2 p. B.

89 *Henri V.* La Salutation angélique. Salut d'or. B.

90 *Henri VI.* Le Roi dans une nef. Noble d'or. B.

91 *Charles VIII.* Ecu d'or au soleil. 2 p. B.

92 *Louis XII.* Ecu au soleil. Ecu aux porcs-épics. — Ens. 2 p. Or. B.

93 *François Ier.* Ecu au soleil. Ecu du Dauphiné. Ens. 2 p. Or. B. et TB.

94 Teston et demi-teston et monnaies divisionnaires des règnes précédents. Ens. 22 p. Arg. Bill. et Br.

95 *Henri II*. Testons. 5 p. Arg. TB.

96 — Autres testons et demi-testons. *Charles IX*. Teston et demi-teston. Ens. 6 p. Arg. AB. B. et TB.

97 *Henri III*. Franc et demi franc. *Henri IV*. Quarts d'écu. *Charles X*. Doubles tournois. Ens. 7 p. Arg. 2 p. Cuivre.

98 *Louis XIII*. Louis. Paris. 1641. Or. TB.

99 — Demi-louis, Paris, 1641. Or. — Monnaies divisionnaires. Arg. Ens. 6 p.

100 *Louis XIV*. Louis, mèche courte. Paris. 1645. Or. TB.

101 — Demi-écus et divisions. Ens. 7 p. Arg. et 1 p. Bill.

102 *Louis XV* Demi-louis aux lunettes. Or. B.

103 — Ecus, quart et huitième. Ens. 6 p. Arg.

104 *Louis XVI*. Louis, 1786. Or. TB.

105 Ecus et demi-écu, 24 sols. *Joseph Napoléon*, 20 réaux. *Majorque*. 30 sous. 1808. Ens. 7 p. Arg.

106 **Monnaies Féodales**. *Bretagne, Poitou, Aquitaine, Provence,* etc., etc. Ens. 63 p. Arg. Bill. et Cuivre.

MONNAIES ÉTRANGÈRES

107 **Angleterre**. *Edouard IV*. Le Roi debout dans un navire. Rose-noble. Or. B.

108 — La même pièce. Rose-noble. Or. B.

109 — Saint-Michel terrassant le dragon. Angelot. *Henri VII*. Même type. Angelot. Ens. 2 p. Or.

110 *Henri III. Edouard I. Henri V. Henri VI. Edouard IV. Henri VII. Henri VIII*. Groats, pennies, etc. 22 p. *Elisabeth*. Shillings et demi. 3 p. *Charles I*. Shilling et divisions. 4 p. *Charles II*. 2 p. *Jacques II*. 4 p. *Guillaume et Marie*. Halfcrown. *Georges II*. Crown de Lima. TB. Ens. 37 p. Arg.

111 **Espagne**. Califes. Dinar. *Martin d'Aragon*. Florin, demi-florin. Ens. 3 p. Or.

112 *Ferdinand et Isabelle*. Leurs bustes affrontés. Double ducat. Or. TB.

113 *Jeanne la Folle et Charles-Quint*. Ecu d'or. *Charles IV*. Ecu d'or. Ens. 2 p.

114 *Philippe V.* Once. 1712. Or. TB.

115 **Aragon.** 10 p. Arg. *Castille.* 5 p. *Ferdinand et Isabelle.* Quadruple réal et divisions, 5 p. *Jeanne et Charles,* 2 p. *Philippe III à Charles IV,* 25 p. *Portugal,* 5 p. *Bolivie,* 1 p. Haïti, 1 p. Ens. 54 p. Arg.

116 **Brabant.** *Jean III,* 4 p. *Charles-le-Téméraire,* 2 p. *Philippe-le-Beau,* 6 p. *Charles-Quint,* 3 p. Ens. 15 p. Arg.

117 — Demi réal aux écus. Or. TB.

118 — Florin au saint Philippe. Or. TB.

119 — Réal au buste armé. — Florin carolus. Ens. 2 p. Or. TB.

120 *Philippe II.* Ecus et divisions, 5 p. *Albert et Isabelle.* Ducaton et divisions, 10 p. Ens. 15 p. Arg.

121 *Philippe IV.* Patagon. Ducatons, 2 p. Demi-ducaton. Ens. 4 p. Arg.

122 *Charles II.* Patagons, 2 p. *Philippe V.* Ducatons. Ens. 4 p. Arg. TB.

123 *Charles III,* prétendant. Ducaton. Divisions, 3 p. Arg.; 24 p. Cuivre. Ens. 28 p.

124 **Flandres.** Gros, etc., 6 p. *François I. Marie-Thérèse. Joseph II.* Ecus, 3 p. Ens, 9 p. Arg.

125 **Tournai.** *Philippe II.* Demi-écu. Arg. **Liège.** *Jean-de-Hornes.* Florin d'or pâle. Ens. 2 p.

126 **Hollande.** *Guillaume V.* Florin. *Philippe-le-Beau.* Florin. Ens. 2 p. Or. TB.

127 *Philippe II.* Demi-réal. Or. Demi-ducaton. Arg. — Ecu au lion. Divisions, 3 p. Ens. 6 p.

128 **Zélande.** *Philip e II.* Bustes affrontés. Double ducat. Or. B.

129 Ecu au buste de Leicester, 1586. Demi-daldre à l'écu heaumé, 1592. Ens. 2 p. Arg.

130 **Gueldre.** *Arnould.* Florin. *Charles d'Egmont.* Florin. Ens. 2 p. Or.

131 — Cavalier d'or. Ens. 2 p. variées. B.

132 — Florin d'or. *Philippe II.* Demi-réal. Or. Ens. 2 p. B.

133 Ducatons, 3 p. Patagon, 1 p. *Divers.* Divisions, 7 p. Ens. 11 p. Arg. B.

134 **Over-Yssel.** Cinquième d'écu et Ducaton. **Utrecht.** Ecus, 2 p. Divisions, 4 p. Ens. 8 p. Arg. B.

135 **Frise** Pièce de 14 stuivers, 1686. Schilling, 1623. *Gustave de Sayn*, 2/3 de daldre. *Westfrise*. Daldre au buste. Id. à l'homme armé. *Deventer*. Ducaton et divisions, 5 p. *Nimègue*. Trois florins. *Zwolle*. Florin. Ens. 12 p. Arg.

136 **Tyrol.** *Ferdinand.* Thaler. *Rodolphe II.* Thaler. 1607. *Maximilien.* Thaler. 1617. Ens. 3 p. Arg.

137 *Léopold.* Thaler, 1623. *Léopold,* empereur. Thaler, 1704. *Marie-Thérèse.* Thaler, 1780. **Bavière.** *Maximilien I.* Thaler, 1628. Ens. 4 p. Arg. TB.

138 **Brandebourg.** *Frédéric et Sigismond.* Florin d'or. B.

139 **Brunswick.** *Henri-Jules.* Thaler, 1609. *Frédéric-Ulric.* Thaler, 1623. **Saxe.** *Jean-Frédéric.* Thalers, 1540, 1541, 1546. Ens. 5 p. Arg. B.

140 *Jean-Frédéric et Georges.* Thalers, 1557. *Auguste.* Thalers, 1564, 1571. *Christian.* Thaler. 1593. Ens. 4 p. Arg. TB.

141 *Christian II Jean et Auguste.* Thaler. 1607. Thaler aux 8 bustes. 1608. *Jean-Georges.* Thaler. 1622. *Jean-Philibert.* Thaler aux 4 bustes. 1624. **Salzbourg.** *Guidobald.* 1/4 de Thaler sur flan carré. 1658. Ens. 5 p. Arg. TB.

142 **Danemark.** *Christian IV.* Thaler. 1627. *Christian V.* Thaler. 1673. **Russie.** *Elisabeth.* Rouble. 1749. **Rome.** *Paul V.* Giulio. 1521. *Clément X.* Teston. 1675. *Clément XIII.* Teston. 1771. Ens. 6 p. Arg. TB.

143 **Lucques.** Scudo. 1756. **Milan.** Deux écus et 5 divisions. Ens. 8 p. Arg. B.

144 *Charles II.* Ecu. *Charles VI.* 2 divisions. *Napoléon.* 5 francs, 2 francs, 5 soldi. Ens. 6 p. Arg.

145 **Parme.** *Ranuce II.* Ecu. **Pise.** 1/2 Paul. **Deux-Siciles.** Ecu et divisions, 11 p. Ens. 13 p. Arg. B.

146 — Ecus et divisions. Arg. 7 p.

147 **Venise.** Ducats et divisions. Ens. 8 p. Arg. B.

148 Monnaies divisionnaires de différents pays.

149 Monnaies de cuivre françaises et étrangères.

LIVRES DE NUMISMATIQUE

150 *Babelon.* Monnaies de la République romaine. Paris, 1885-1886. 2 vol. cart.

151 — Les Rois de Syrie. Paris. 1890. 1 vol. Rel.

152 — Les Perses Achéménides. Paris. 1892. 1 vol. Rel.

153 *Cohen*. Monnaies frappées sous l'Empire romain. 1re édition. Paris. 1859-68. 7 vol. cart.

154 *Head*. Historia numorum. Oxford. 1887. Rel. éditeur.

155 *Hoffmann*. Monnaies royales de France. Paris. 1878. 118 pl. Rel. en 2 vol.

156 *Mionnet*. De la rareté et du prix des médailles romaines. Paris. 1827. 2 vol. Br.

157 *Sabatier*. Description générale des monnaies byzantines. Paris. 1862. 70 pl. 2 vol. Rel.

158 *Bouillet*. Dictionnaire d'antiquités sacrée et profane. 2 vol. *Campaner*. Manual de numismatica española. *Gaillard*. Collection Garcia de la Torre. *Gnecchi*. Guides. Brochures diverses, etc.

159 **Médaillier**. Grande armoire à deux portes, formant médaillier.

160 Grand lot de cartons à médailles. A diviser.

---

161 *Monnaies Françaises*. Henri II. Charles IX. Testons et demi-testons. Henri III. Francs et demi-franc. Henri de Montpensier. Teston. Ens. 9 p. Arg.

162 Henri IV. Quart d'écu. Louis XIII. Louis XIV. Ecus et divisions. Ens. 14 p. Arg.

163 Louis XV. Ecus et divisions. 8 p. Arg.

164 Louis XVI. Ecu et divisions. 9 p. Arg.

165 Pièces de 5 francs de Louis-Philippe, 1846. Napoléon III, 1868 et 1870. République 1870. 2 types, et 1874. Ens. 6 p. Arg. TB. et F.D.C.

166 *Monnaies Etrangères*. Pologne, Prusse, Parme. Espagne, Mexique, Pérou. Ecus. Ens. 7 p. Arg

167 Etats de l'Eglise. Scudo et divisions. Ens. 7 p. Arg.

168 Monnaies divisionnaires diverses. Ens. 46 p. Arg. Bill. et nickel, et 2 p. chinoises en bas or.

169 *Médailles*. 7 p. variées. Monnaies divisionnaires françaises. 8 p. Ens. 15 p. Arg.

170 *Jetons*. Louis XIV, Louis XV, Marie Leczinska, Louis XVI. Bonaparte. Ens. 15 p. Arg. TB.

171 *Lot* Monnaies Romaines et diverses. Cuivre.

---

172 (¹) *Monnaies Antiques, Grecques* et *Romaines*, la plupart en Bronze.

173 *Monnaies Gauloises* et *Françaises* jusqu'à Louis XIV. Arg. Bill. et Cuivre.

174 *Monnaies Françaises.* Louis XV et Louis XVI. Arg. Bill. et Cuivre.

175 — De la Révolution à nos jours. Arg. et Cuivre.

176 — Charles VI. Écu d'or. Napoléon III, 10 fr. et 5 fr. (2 p.). Louis-Napoléon. Ducat. — Ens. 5 p. Or.

177 *Médailles et jetons* Cuivre. Br. et laiton.

178 *Médailles* de la guerre de 1870. Souvenirs du Siège, etc. Plomb. Br. Cuivre.

179 *Monnaies Féodales* et *Monnaies Coloniales Françaises.* Arg. Bill. et Cuivre.

180 *Monnaies Étrangères.* Ducat de Hollande; Écus d'or espagnols (3 p.); Dollar des États-Unis; 1/4 ducat. — Ens. 6 p. Or.

181 — Angleterre et Possessions Anglaises. Arg. et Cuivre.

182 — Belgique, Provinces-Unies. Arg. Cuivre. Nickel.

183 — Pays-Bas. Arg. Cuivre.

184 — Suède, Norwège. Arg. Cuivre.

185 — Danemark. Grèce, Bulgarie, Luxembourg, Roumanie, etc. Arg. Cuivre. Nickel.

186 — Allemagne, Principautés et villes d'Allemagne. Arg. et Cuivre.

187 — Empire d'Allemagne. Arg. et Cuivre.

188 — Autriche, Hongrie, Bohême, etc. Arg. et Cuivre.

189 — Russie et Pologne. Arg. et Cuivre.

190 — Russie. Pièce de 5 roubles en platine.

(¹) Les numéros 172 à 197 sont des lots assez importants qui pourront être divisés. Ils seront vendus sur cartons.

191 — Suisse. Arg. et Cuivre.
192 — Italie. Arg. et Cuivre.
193 — Monnaies papales. Arg. et Cuivre.
194 — Espagne. Billon. Arg. et Cuivre.
195 — Portugal et Colonies Portugaises, Brésil. Arg. Cuivre. Nickel.
196 — Turquie, etc. Arg. Bill. Cuivre.
197 — États-Unis, Terre-Neuve, San-Salvador, Argentine, Bolivie, Chili, Pérou, Nouvelle-Grenade, Costa-Rica, Equateur, Guatémala, Honduras, Haïti, Paraguay. Arg. Cuivre, Nickel.